ULRIKE GUÉROT
HAUKE RITZ

In Memoriam: 20 Jahre Europäischer Verfassungsvertrag

Für ein Europa jenseits der EU

ars vobiscum medien haus

Originalausgabe

Dieses Buch ist auch als E-Book erhältlich

1. Auflage

Oberhofen 7, 4894 Oberhofen am Irrsee
www.ars-vobiscum.media

Umschlaggestaltung:
Thomas Stimmel
Coverbild: »Colorful isolated europe in watercolor«
Vectonauta - Freepik.com

Satz:
ars vobiscum Media e. U.

Druck und Bindung:
Künster Druck GmbH - Andernach Miesenheim
Barsortiment:
Plureos - Bad Hersfeld

Printed in Germany

Paperback ISBN 978-3-903479-12-8
eBook ISBN 978-3-903479-09-8

MIX
Papier aus verantwortungsvollen Quellen
Paper from responsible sources
FSC® C105338

#füreinegesellschaftmitkultur

Entscheidend für eine Idee ist nie, wie sie sich verwirklicht, sondern was sie an Wirklichkeit enthält.

– Stefan Zweig

ULRIKE GUÉROT
HAUKE RITZ

FÜR EIN EUROPA JENSEITS DER EU

IN MEMORIAM: 20 JAHRE EUROPÄISCHER VERFASSUNGSVERTRAG

DEUTSCHE FASSUNG

ars vobiscum
#LESENSTATTFERNSEHEN

Inhalt

Vorwort

„Man ist umgeben von Publizisten, medialen Vertretern, die bereit sind, in einer Notsituation Grundüberzeugungen des humanen Zusammenlebens, auch des demokratischen, zu veräußern. Das ist für mich ein bleibender Schrecken."[1]

Diese Worte sagte der viel zu früh verstorbene Roger Willemsen, der heuer 68 Jahre alt geworden wäre, im Jahr 2011. Er bezog sich dabei auf die Reaktionen seiner journalistischen Kollegen auf den Anschlag auf das World Trade Center zehn Jahre zuvor. Seitdem haben seine Worte nichts an Aktualität eingebüßt, im Gegenteil: Unsere demokratischen Gesellschaften scheinen mehr und mehr im Zerfall begriffen zu sein, eine Entwicklung, die mit dem Jahr 2020 rasant Fahrt aufnahm. Diese tiefe Zäsur war und ist der politische Marianengraben namens Covid-19.

In nie geahnter Schnelligkeit wurde fast auf der gesamten Welt mit Angst Politik gemacht. Die Sprache der Öffentlichkeit geriet aus dem Ruder und Dinge wurden sagbar, die man für eigentlich undenkbar gehalten hatte. Maßnahmen wurden umgesetzt, die man in demokratischen Gesellschaften für nicht möglich hielt und so gut wie alle potenziell korrektiv agierenden Instanzen (Recht, Medien, Wissenschaft, Kunst- und Kultur) versagten in ihrer institutionalisierten Form. Die Politik linker oder progressiver Kräfte entgleiste und der sogenannte Qualitätsjournalismus öffentlich-rechtlicher Medien entbarg einmal mehr (oder wieder einmal) seine Tendenz, als

1 Roger Willemsen in der „Kulturzeit" vom 08.09.2011, https://www.youtube.com/watch?v=RQ1WF40LSOY , ca. ab Minute 05:34, abgerufen am 28.08.2023.

Steigbügelhalter für die Herrschenden zu fungieren. Ein szientistisch-technokratisches Weltbild wurde auf dem europäischen Kontinent auch mithilfe der bürokratischen Superstruktur der EU stärker denn je forciert.

„Endgültiger Schrecken“ im Sinne von Roger Willemsen kam bei den Schreibern dieser Zeilen aber dann auf, als man mit dem Angriff Russlands auf die Ukraine alle selbstauferlegten und organisch gewachsenen europäischen Tugenden endgültig über Bord warf und sich für die Lieferung schwerer Kriegswaffen aussprach. Die Presse agierte simultan mit der Politik und drehte an der Eskalationsschraube, anstatt dem kriegführenden Präsidenten Putin eine friedliche europäische Lösung, ein Gegenmodell auf Grundlage europäischer Werte zu präsentieren. Werte, die für Abrüstung und Frieden plädieren. Im Gegenteil kam es politisch, medial und intellektuell zu einer völligen Niederlegung des diplomatischen Prinzips, zu Praktiken des (erneuten) Wettrüstens, zur Etablierung einer breiten Kriegsrhetorik.

Die Moralpolitik der „Richtigen“ hatte einmal mehr eine deeskalierende, diplomatische Interessenspolitik abgelöst. Mittlerweile ist auch eine sukzessive Militarisierung der europäischen Gesellschaften in Gange und mit ihr eine (Re-)Nationalisierung. Gerade mit Blick auf die Ukraine scheint Nationalismus auch für linke und (vermeintlich) progressive Kräfte kein Problem mehr zu sein, im Gegenteil: Wer den ukrainischen Nationalismus nicht unterstützt, dem wird vorgeworfen, ihm sei die ukrainische Bevölkerung und das Leid, das sie derzeit erleben muss, egal, ganz so, als müsse man sich in einer Schlacht „Gut“ gegen

„Böse“ eben für eine Seite entscheiden. Der postmoderne Relativismus der letzten Jahrzehnte wurde mit einem Mal von einem starren Essentialismus abgelöst, der einfache Schablonen bedient. Und eine solche ist der in der Krise reaktivierte Nationalismus.

Denn die „imaginierten Gemeinschaften“ nationalistischen Denkens, wie sie Benedict Anderson in den 1980er Jahren beschrieb[2], können zwar im besten Falle auch dazu da sein Kräfte zu binden und Zusammenhalt zu generie- ren; den Nationalismus jedoch in einer Kriegssituation neu zu beleben bedeutet immer auch gegen die Anderen, nein, gegen „das Andere“ in den Kampf zu ziehen. Dass dies gerade vor unseren Augen passiert, kann man un- schwer erkennen.

Deutschland lässt sich beinahe selbstmörderisch in den Ukraine-Krieg hineinziehen, nein, zieht sich selbst hinein. Auch beim „neutralen“ kleinen Bruder sieht es nicht bes- ser aus: Das Aufgeben der österreichischen Neutralität ist durch die Teilhabe an NATO-Programmen wie Skyshield in unmittelbarer Reichweite. Die problematischen Aspekte der NATO werden in der öffentlichen Debatte weitgehend negiert oder kleingeredet. Auch Emmanuel Macron wirbt für einen raschen NATO-Beitritt der Ukraine und ließ Panzer, Kriegswaffen und Munition schicken. Geschichtsbewusstsein, (historisch-politische) Kontexualisierung und große geopolitische Zusammenhänge, Stichwort: Stellvertreterkrieg, Vasallisierung und die Verschiebung der Machtmonopole hin zu einer multipolaren Weltordnung – hier möchten die Verfasser auf das unlängst stattgefundene Gipfeltreffen der BRICS-Staaten hinweisen – werden zur

2 Vgl. Benedict Anderson: Imagined Communities. Reflections on the Origin and Spread of Nationalism. Verso: London 2006.

Nebensache, oder noch besser, zur „Verschwörungstheorie“ verklausuliert.

Wer all dies kritisch thematisiert und analysiert, wird auf dem medialen Scheiterhaufen hingerichtet und auch beruflich an den Rand gedrängt. Die politischen Säube- rungen und Zensurpraktiken, die mit Covid sowohl Universitäten, ärztliche Appropriationen, Redaktionsstuben und alle sonst möglichen Berufsstände erfassten, setzen sich nun nahtlos beim Thema Ukraine-Russland fort. Kritik an der EU oder den USA wird mit dem Kampfbegriff „Putinversteher“ versehen, Demonstranten für den Frie- den als „Friedensschwurbler“, Verschwörungstheoretiker und Rechtsextremisten verunglimpft.

Wie schon 1914 geht die Kriegsbegeisterung aber nicht, wie gerne kolportiert, von breiten Kreisen der Bevölkerung, sondern von der Politik und von Bürgerlichen, Intel- lektuellen und schließlich den Medien aus. Auch fast 100 Jahre später hat sich daran nichts geändert: Am meisten schreien diejenigen nach dem Krieg, die vermutlich niemals hinmüssen.

Doch so wie es zu Beginn des Ersten Weltkriegs kritische Stimmen wie Karl Kraus gab, so gibt es diese auch heute. Ulrike Guérot ist eine von ihnen. Die vorliegende Denkschrift, in zehn Sprachen übersetzt[3], versucht, auf die notwendige Eigenständigkeit Europas hinzuweisen, denn dieses „droht im Vorfeld der Europawahlen vom Juni 2024 zwischen den Verteidigern einer technokratischen, bürgerfernen, tendenziell gar korrupten EU und den Anwälten einer

3 An dieser Stelle sei für Kritiker gleich erwähnt, dass sich, gemäß der Poetik und Komplexität des Übersetzungsvorgangs, notgedrungen in den Übersetzungen leichte Abweichungen vom Original ergeben.

Rückkehr zum Nationalstaat gespalten zu werden", wie Ulrike Guérot und Hauke Ritz formulieren.

Es wird notwendig sein, auf solche Stimmen zu hören und sich die konkreten Vorschläge und Visionen der bei- den Autoren zu vergegenwärtigen, wenn man nicht, wie Stefan Zweig es in seinem Buch „Die Welt von Gestern" eindrücklich skizzierte, am Ende selbst ratlos sein möchte in der „Stunde der Katastrophe", die von der ewigen Rotte „die die Vorsichtigen feige nannte, die Menschlichen schwächlich", leichtfertig heraufbeschworen wurde.[4] Zweigs Buch trägt übrigens den Untertitel „Erinnerungen eines Europäers".

Vielleicht wollen auch wir uns gegenwärtig daran erinnern, was dieses Europa eigentlich wieder bedeuten kann; nämlich ein Europa des Friedens und der humanistischen Ideale abseits transatlantischer Abhängigkeit.

Thomas Stimmel & Jan David Zimmermann

---

4 Stefan Zweig: Die Welt von Gestern. Erinnerungen eines Europäers. Büchergilde Gutenberg, Wien 1952, S. 232.

In Memoriam: 20 Jahre Europäischer Verfassungsvertrag: Für ein Europa jenseits der EU

Mit dieser Denkschrift erinnern wir an den Entwurf einer Europäischen Verfassung, der vor genau zwanzig Jahren, im Juli 2003, vorgelegt, feierlich im Oktober 2004 von den europäischen Staats- und Regierungschefs verabschiedet, aber niemals umgesetzt wurde.

Dadurch hat die EU das Versprechen einer demokratischen politischen Union Europa sowie einer europäischen Bürgerschaft nicht eingelöst und schließlich verdrängt. Mit dieser öffentlichen Stellungnahme möchten wir die Frage nach einer demokratischen Verfasstheit Europas und damit die nach der europäischen Souveränität wieder in den Mittelpunkt der europäischen Diskussion rücken. Da sich im Oktober 2024 die Verabschiedung der später gescheiterten Europäischen Verfassung zum 20. Mal jährt, bieten wir diesen Text hiermit im Vorfeld des Jahrestages als Ausgangspunkt für eine breite Diskussion über die Zukunft Europas an!

Europa am Scheideweg

Die Welt steht vor einem dramatischen geoökonomischen und geostrategischen Umbruch. Der einstige Westen hat seine Strahlkraft verloren, die globale Hegemonie der USA zerbricht, und eine multipolare Welt nimmt Gestalt an. In dieser Übergangsperiode ist besonders die Zukunft Europas ungewiss. Denn als lediglich technokratische Struktur hat die EU mit dazu beigetragen, die Demokratie in den europäischen Ländern zu unterhöhlen, weshalb sich heute Millionen europäischer Bürger von der Idee eines geeinten Europas abwenden. Allerdings wäre ein Zerfall der Union kein Ausweg; er wäre lediglich der letzte Akt eines langen Prozesses einer selbstzerstörerischen europäischen Politik.

Im Interesse seiner Selbsterhaltung muss Europa auf diesen Moment der Weltgeschichte reagieren. Um einen Zerfall der Europäischen Union zu verhindern, bedarf es eines emanzipatorischen Aktes, der einer institutionellen Kernsanierung gleichkommt: Die Europäische Union, die bislang eine reine Vertragsunion gewesen ist und über keine lebendige Identität verfügt, muss tatsächlich europäisch werden. Sie muss sich aus der einseitigen atlantischen Umklammerung lösen, sich an ihre eigenen Bürger binden und in Äquidistanz die Kooperation mit allen anderen Staaten und Mächten suchen. Vor allem aber muss sie sich auf ihre eigenen geistigen, politischen, sozialen und wirtschaftlichen Traditionslinien besinnen, um diese in die Gestaltung einer gerechten und friedensfähigen Welt im 21. Jahrhundert einzubringen.

Europa droht im Vorfeld der Europawahlen vom Juni 2024 zwischen den Verteidigern einer technokratischen, bürgerfernen, tendenziell gar korrupten EU und den Anwälten einer Rückkehr zum Nationalstaat gespalten zu werden. Es besteht die akute Gefahr, dass sich die jahrelang geführte Diskussion über ein „anderes Europa" zu einer Debatte über „kein Europa" ausweitet. Herkömmliche Reformansätze können die strukturelle Krise der europäischen Demokratie aber nicht mehr lösen.

Stattdessen bedarf es einer Aktualisierung der einstigen Ambition Europas, das sich vor nunmehr gut 70 Jahren vor dem Hintergrund zweier Weltkriege als Friedensprojekt konstituierte und angetreten war, die nationalen Konfliktlinien zu überwinden und Europa als politische, demokratische, soziale und dezentrale Einheit zu verfassen.

Zur aktuellen Lage

Blickt man auf die heutige EU, so sieht man einen fortschreitenden, allgemeinen Zerfall des Kontinents, vor allem in den Bereichen der Politik, der Wirtschaft und Geostrategie, aber auch in der sozialen und kulturellen Sphäre. Die EU hat diesen Verfall nicht verhindert, sondern ihn – zu Lasten der europäischen Bürger – sogar noch befördert.

Die Gebäude und Institutionen der EU stehen zwar noch, doch die geistigen Grundlagen Europas sind rapide im Schwinden begriffen. So kann fast nichts von dem, was für die Vordenker Europas – etwa die Autoren des berühmten antifaschistischen Europa-Manifestes von Ventotene von 1941 oder für die späteren

Gründungsväter eines geeinten Europas Jean Monnet, Robert Schuman oder Altiero Spinelli – einst selbstverständlich gewesen ist, in der heutigen Debattenkultur noch vorausgesetzt werden.

Europa versinkt in einer post-kolonialen Debatte, deren Schuldanerkenntnis oft in Selbstgerechtigkeit umschlägt. Stattdessen sollte unser Kontinent sich auf seine geistigen Wurzeln in der Aufklärung und im Humanismus berufen, den eigentlichen Gegenspielern des Imperialismus, denen auch heute noch das Potenzial zukäme, sowohl Europa als auch der Welt zu dienen.

Zurzeit wird das aufbrechende Vakuum jedoch wahlweise von postmodernen, individualistischen Diskursen oder den Einzelinteressen eines zunehmend monopolistisch organisierten Kapitals gefüllt. Verloren ist die Universalität des politischen und kulturellen Geistes Europas, der aus Kunst, Literatur und Philosophie zu schöpfen wusste und Menschheitsinteressen im Sinne eines Universalismus zu artikulieren vermochte. Neben dem Demokratieversprechen ist auch das aus zwei Weltkriegen hervorgegangene Friedensversprechen unseres Kontinents preisgegeben worden.

Dieser Entwicklung vorausgegangen war eine Sternstunde der europäischen Geschichte. Wir erinnern uns: 1989 wurde Europa mit einer friedlichen Revolution beschenkt. Durch den von Michael Gorbatschow ermöglichten Mauerfall bot sich für Europa eine einmalige Chance zur Errichtung einer dauerhaften, potenziell für Generationen gebauten, kontinentalen Friedensordnung. Mit dem Ende der Systemkonfrontation war die Vorstellung eines mit Russland versöhnten Europas, das die Spuren zweier Weltkriege sowie des Kalten Krieges aufhebt, nicht länger nur ein Traum, sondern wurde zum erklärten Ziel des europäischen Einigungsprozesses. Es ging um nicht weniger als eine souveräne, föderale, politische Union Europa für die Bürgerinnen und Bürger Europas.

Der gescheiterte Verfassungsentwurf und die Folgen

Vierzehn Jahre nach dem Mauerfall legte ein Europäischer Konvent zum ersten Mal in der europäischen Geschichte einen Entwurf für eine Europäische Verfassung vor.

Diese im Oktober 2004 feierlich verabschiedete Verfassung scheiterte 2005 formal an zwei Referenden in den Niederlanden und in Frankreich. Der zeitgleich begonnene Krieg im Irak wirkte indes als massives Störfeuer für den europäischen Verfassungsprozess. Das gerade erst geeinte Europa war nicht wehrhaft genug, um die von den USA avisierte erneute Spaltung in ein „Old Europe“ und „New Europe“ zu verhindern.

Um zwölf Staaten erweitert, ist es der EU fortan nicht mehr gelungen, eine die eigenen Interessen reflektierende Außenpolitik zu entwickeln, trotz einer 2004 verfassten Europäischen Sicherheitsstrategie und des Aufbaus eines Europäischen Diplomatischen Dienstes. Zudem fehlte es Europa am Selbstbewusstsein, um die Schaffung eines Binnenmarktes mit einer auf die europäische Sozial- und Kulturgeschichte zugeschnittene Wirtschaftsphilosophie zu verbinden, um so an eigene Traditionslinien anzuknüpfen, etwa die der Arbeiterbewegung und der Katholischen Soziallehre, an das Konzept der Sozialen Marktwirtschaft oder des Rheinischen Kapitalismus. Aufgrund mangelnder Strategiefähigkeit folgte die EU nolens volens der neoliberalen Wirtschaftsphilosophie aus den USA.

Heute sehen wir, dass im damaligen „Nein“ zur ebenfalls neoliberal eingefärbten Europäischen Verfassung bereits das Scheitern der Europäischen Union beschlossen lag. Ohne Verfassung konnte die EU keine demokratischen Grundfesten ausbilden und das politische Projekt Europa war buchstäblich ohne bürgerliche Bindung. Darüber hinaus vermochte Europa ohne Verfassung kein souveränes Subjekt in der Welt zu werden. Ohne Souveränität aber konnte die EU weder ihre Bürger noch die europäische Kultur vor den Zumutungen der Globalisierung schützen. Die EU dehnte sich aus, ohne ihren Bürgern eine demokratische Ordnung zu garantieren. Das europäische Gemeinwohl wurde Partikularinteressen überlassen, etwa denen der Finanzwirtschaft während der Bankenkrise, denen der Digital- und Pharmakonzerne während der Pandemie und denen der Rüstungsindustrie im aktuellen Ukrainekrieg. Angesichts dieser Preisgabe des europäischen Wesenskerns müssen wir feststellen, dass das politische Scheitern der EU selbst nur noch eine Frage der Zeit sein dürfte.

Doch es wäre dramatisch, wenn das politische Europa in dem Moment zerbricht, in dem angesichts der anbrechenden, multipolaren Weltordnung ein geeintes Europa mehr denn je gebraucht wird. Ein Auseinanderfallen der Union zum jetzigen Zeitpunkt würde bedeuten, dass deren Mitgliedsstaaten endgültig vom Subjekt zum Objekt einer Weltpolitik würden, die fortan nur noch in Washington, Moskau, Peking oder New-Delhi geschrieben würde. Europa würde entweder zu einer verarmten und abhängigen Halbinsel ohne eigene Wirkungsmacht, abgeschnitten von sibirischen Rohstoffen und getrennt vom chinesischen Markt, oder es würde ohne eigene Gestaltungsmacht dem imperialen Zugriff gleich mehrerer Weltmächte ausgeliefert sein.

Zwei Fehler im Fundament der Union

Es waren vor allem zwei grundlegende Fehler, welche die Entwicklung der Europäischen Union in die heutige Krise geführt haben. Die erste Fehleinschätzung des EU-Einigungsprozesses bestand darin, dass dessen Architekten in der Annahme handelten, ein geeintes, befriedetes, soziales und unabhängiges Europa könne zusammen mit den USA aufgebaut werden – also die Annahme, die USA würden die europäische Emanzipation befördern. Angesichts der positiven Erfahrungen, die Westeuropa mit den USA vom Zweiten Weltkrieg bis 1989 gemacht hatte, war diese Einschätzung nachvollziehbar; in Anbetracht ihrer heute erkennbaren Konsequenzen bedeutete sie jedoch einen grundlegenden Fehler im Fundament der EU. Es ist bedauerlich, dass die Vereinigten Staaten offenbar weiterhin der Aufrechterhaltung eines

Ost-Westkonflikts bedurften. Viel beklagenswerter ist allerdings, dass Europa sich dem nicht entgegenstellte und darüber hinaus sogar in die permanente Unterminierung seiner Fähigkeit zur Souveränität und Emanzipation einwilligte. Da ein politisch geeintes, unabhängiges und souveränes Europa nicht im amerikanischen Interesse ist, muss Europa hieraus die Konsequenzen ziehen und die Vision eines postatlantischen Europas ins Auge fassen.

Der zweite Fehler der EU bestand darin, sich auch kulturell auf die USA ausgerichtet zu haben, anstatt die europäische Einheit in der reichen Kulturgeschichte Europas selbst zu suchen. Heute ist erkennbar, dass die aus der kulturellen Dimension des Kalten Krieges sowie der Konsumkultur hervorgegangene Postmoderne die USA selbst, aber insbesondere die europäischen Gesellschaften gespalten hat. Europa kann seine Identität nicht aus Werten beziehen, die als Antwort auf Widersprüche der amerikanischen Gesellschaft entstanden sind. Im Gegensatz zu den USA ist Europa kein „Melting Pot of Nations“, sondern gerade „Einheit in Vielfalt“ („in varietate concordia“). Die kulturelle Vielfalt aller europäischen Völker und Nationen zu respektieren und trotzdem die politische und rechtliche Einheit zu ermöglichen, bleibt die akute Herausforderung Europas für das 21. Jahrhundert.

Der aktuelle Krieg in der und um die Ukraine ist das Ergebnis dieser politischen und kulturellen Fehlentwicklungen der letzten drei Jahrzehnte. Die EU hat sowohl ihr Friedensnarrativ („Europa ist nie wieder Krieg“) als auch ihre Erzählung von der „Überwindung der Nationalstaaten“ durch wirtschaftliche und politische Integration im Rahmen einer politischen Union preisgegeben und letztlich durch unkontrollierte, supranationale Institutionen ins Gegenteil verkehrt. Darüberhinaus hat die EU ihre Zukunft dem Erfolg geostrategischer Ambitionen der USA untergeordnet, wobei fahrlässig in Kauf genommen wird, dass erneut ein Weltkrieg von europäischem Boden seinen Ausgang nimmt.

Einer einseitig auf transatlantische Interessen ausgerichteten EU-Politik, die unbewusst oder mutwillig zerstört, was Generationen zuvor wirtschaftlich und geistig aufgebaut haben, muss Einhalt geboten werden. Es ist höchste Zeit zu verstehen, dass europäische und US-amerikanische Interessen sich seit langem widersprechen: Das Interesse einer souveränen und strategiefähigen EU wäre z. B. nicht der Krieg in der Ukraine, sondern vielmehr die Errichtung einer Friedensordnung mit dem europäischen Nachbarn Russland, wobei der Ukraine die Rolle einer Brücke zukäme.

Ein Europa jenseits der EU

Die Wahlen zum EU-Parlament im Jahr 2024 werden die Widersprüche Europas allgemein sichtbar machen. Diese verschärfen sich weiter, solange sich die Europadebatte auf weltfremde und formelhafte Diskussionen etwa über einen Beitritt der Ukraine zu EU und NATO erschöpft, ohne das Demokratiedefizit oder die Überdehnung der Union überhaupt nur in Augenschein zu nehmen.

Wenn Europa im 21. Jahrhundert demokratisch, unabhängig, souverän und handlungsfähig sein will, muss jetzt die Denkarbeit an einem Europa jenseits der EU in Angriff genommen werden. Dies verlangt neben einer Lösung des Ost-Westkonflikts auch einen Rückbezug Europas auf seine kulturellen und geistigen Wurzeln.

Das geistesgeschichtliche Juwel Europas ist die Republik, deren Wesensprinzip der allgemeine politische Gleichheitsgrundsatz ist. Indes gilt dieser nicht für die heutigen EU-Bürger, die auf dem Status einer „Marktbürgerschaft" stehengeblieben sind, indem sie lediglich die Rechte des Binnenmarktes, also der Freizügigkeit teilen. Eine europäische Demokratie kann deswegen nicht entstehen. Der Schlüssel für eine Kernsanierung, die wir meinen, wäre daher, die europäischen Bürger in allen rechtlichen Belangen gleich zu stellen: Die europäischen Bürger müssten sich in den Worten des französischen Soziologen Pierre Rosanvallon das „Sacre du Citoyen", die „Weihe des Bürgerlichen Daseins" gemeinsam erobern. Rechtsgleichheit bedeutet keinen Zentralismus!

Sollte eine Europäische Republik je zustande kommen, so wird sie nur in dezentraler Form nach dem Subsidiaritätsprinzip aufgebaut sein können. Gleiche bürgerliche Rechte, aber unterschiedliche Kultur und Identität – wäre das Motto: Das politische Europa kann nicht mehr als ein schützendes Dach über dem von unterschiedlichen Sprachen sowie kulturellen und historischen Bezügen bestimmten Kontinent sein. Doch ohne Souveränität, verfasst in einer europäischen Staatlichkeit, kann es in einer multipolaren

Welt für die Mehrzahl der EU-Staaten genau diesen Schutz nicht geben.

Neben allen Unterschieden gibt es aber auch eine kulturelle Einheit Europas, einen Raum gegenseitigen Verstehens, der über Jahrhunderte hinweg die verschiedenen Epochen der Kultur- und Kunstgeschichte für ganz Europa verbindlich gemacht hat. Europa kann sich nur verlebendigen, wenn es sich auf die gemeinsamen Merkmale der europäischen Kulturgeschichte bezieht. Denn nur sie knüpfen an vorbewusste Gewohnheiten und Erinnerungen an und können daher auch jenseits der Metropolen, wo die Ablehnung der EU derzeit am größten ist, eine Vertrauensbeziehung zwischen dem Staat und seinen Bürgern stiften.

Die politische Ordnung Europas ist aus einer Serie von Revolutionen hervorgegangen, die von der Schweizer Eidgenossenschaft, dem holländischen Aufstand, der englischen und amerikanischen Revolution bis hin zur französischen, russischen und spanischen Revolution reicht. Die politischen Werte Europas sind Ergebnisse dieser Revolutionen und deswegen ausgerichtet auf eine sozial gerechte Ordnung. Dies zeigt sich auch daran, dass der Kontinent in den vergangenen 150 Jahren von der Arbeiterbewegung geprägt worden ist, die von Athen bis Liverpool, von Barcelona bis Petersburg den Kontinent formte und ein auf Gerechtigkeit ausgerichtetes Gesellschaftsmodell verbindlich machte. Nur ein Europa, das an dieses übergreifende Kulturmerkmal anknüpft, könnte dauerhafte Stabilität erreichen.

Der zivilisatorische Fortschritt Europas wurde schließlich auch durch eine anhaltende, ästhetische Bildung seiner Bürger von der Renaissance bis zu den Avantgarde-Bewegungen des 20. Jahrhunderts ermöglicht. Es waren die europaweit rezipierte Literatur, Musik, Malerei, Architektur und Philosophie des Kontinents, die Europa zu dem kulturellen Resonanzraum gemacht haben, der er im Prinzip auch heute noch ist. Und es war die ästhetische Schulung von Urteilskraft und Kritikvermögen, die wiederum die Bedeutung des emanzipierten und mündigen Bürgers verbindlich machte und so letztlich den demokratischen Bewegungen des Kontinents zum Durchbruch verhalf.

An all dies könnte ein Europa, das jenseits der heutigen EU nach seiner geistigen Einheit, seiner politischen Verfasstheit und seiner globalen Rolle sucht, erneut anknüpfen. Es ist immer noch möglich, Europa zu dem weltgeschichtlichen Ort zu machen, an dem den Versuchungen der Technokratie und des Transhumanismus die Ideale eines neuen Humanismus entgegengesetzt werden. Denn angesichts der fragwürdigen Implikationen neuerer Technologien wie z.B. KI und Gentechnik ist die in Europa entstandene Technikkritik, das Bewusstsein von der Dialektik des Fortschritts sowie überhaupt die intellektuelle Kultur Europas heute dringlicher denn je.

Das Europa, von dem wir träumen, ist ein postatlantisches Europa, das selbst die Verantwortung für seine Sicherheit und Zukunft übernimmt und den Ost-West-Konflikt dauerhaft beendet. Ein Europa, das eine friedliche Kooperation mit der Russischen Föderation entwickelt und den Dialog und Austausch mit den aufsteigenden Zivilisationen der östlichen und südlichen Hemisphäre sucht. Ein Europa, das sich seiner imperialen Vergangenheit stellt, ohne dadurch in eine Position der Selbstverleugnung zu geraten.

Wir erträumen ein Europa, das seine Interessen verteidigt, von seinen Bürgern getragen wird und diese vor den Zumutungen der Globalisierung schützt. Wir wünschen uns ein humanistisches Europa, das erneut an seine reiche Kulturgeschichte anzuknüpfen vermag, ohne dadurch an Offenheit und Liberalität zu verlieren. Das Europa, das wir meinen, muss nicht neu erfunden werden. Es existiert bereits, es war immer da und muss nur erinnert und zu einer politischen Form werden.

Die Autoren

ULRIKE GUÉROT

Ulrike Guérot, Jg. 1964, ist europäische Publizistin und Aktivistin. Seit rund 30 Jahren beschäftigt sie sich in europäischen Think Tanks und Universitäten in Paris, Brüssel, London, Washington, New York, Wien und Berlin mit Fragen der europäischen Demokratie, sowie mit der Rolle Europas in der Welt.
Ulrike Guérot ist seit März 2014 Gründerin und Direktorin des European Democracy Labs, e.V., Berlin und initiierte im März 2023 das European Citizens Radio.

Im September 2021 wurde Ulrike Guérot auf eine Professur für Europapolitik an die Rheinische Friedrich-Wilhelms-Universität Bonn berufen. Zuvor war sie von 2016 bis 2021 Professorin und Leiterin des Departements für Europapolitik und Demokratieforschung (DED) an der Donau-Universität in Krems, Österreich.

Guérot ist Autorin von zahlreichen Artikeln sowie mehreren Büchern zu europäischen Fragen. Im Oktober 2022 erschien ihr neustes Buch „Endspiel Europa. Warum das politische Projekt Europa gescheitert ist – und wie wir wieder davon träumen können“ beim Westendverlag.

Sie ist Trägerin des französischen L'Ordre pour le Mérite und wurde mit dem Paul-Watzlawick-Ehrenring sowie dem Salzburger Landespreis für Zukunftsforschung ausgezeichnet.

HAUKE RITZ

Hauke Ritz studierte an der FU und HU Berlin. Nach seiner Dissertation im Fach Philosophie mit dem Schwerpunkt Geschichtsphilosophie wendete er sich verstärkt Fragen der Außenpolitik und Friedensforschung zu.

Dabei stand für ihn der Ost-West-Konflikt im Mittelpunkt, dessen Fortbestehen er seit 2008 im Zuge verschiedener Publikationen und seit 2014 durch regelmäßige Russlandreisen erforscht.

Hauke Ritz hat an der Universität Gießen, der MSU und RGGU in Moskau unterrichtet und war zuletzt für den DAAD in Moskau tätig.

European Democracy Lab

#Shaping Europe beyond the EU

Das **European Democracy Lab** begreift sich als ein intellektueller Hub und Think-Tank, der im Interesse unseres Kontinents auf die Krise der Europäischen Union reagiert. Das European Democracy Lab versteht Europa hierbei als ein in der Geschichte und Kultur des Kontinents begründetes Friedensprojekt. Es strebt die Vision eines demokratischen, souveränen, sozialen und postatlantischen Europas jenseits der EU an, das durch seinen Bezug auf die gemeinsame Kultur verlebendigt ist.

Spenden:
European Democracy Lab e.V.:
IBAN: DE 45 4306 0967 1209 7487 00

#kunstmiteuch

Dank gilt allen an diesem Buch beteiligten Personen, insbesondere den Übersetzern und Übersetzerinnen: Sophia S., Roman, Rita M., Arianna B., Dawid K., Ulla R., Mohammed Haghighat, Christian D., Ibolya M., Li Sheng, Shixun Li, Lie Tang.

Ohne deren spontanen Einsatz hätte dieses Buchprojekt nicht in dem Umfang und in der Kürze der Zeit realisiert werden können.